W0063887

Schirner
Verlag

ISBN 978-3-8434-1207-0

Sandy Taikyu Kuhn Shimu:
Buddha im Gepäck
Der kleine Reiseführer zum Glück
Weisheiten, Geschichten und Übungen
für mehr Gelassenheit, innere Kraft
und Lebensfreude
© 2015 Schirner Verlag, Darmstadt

Umschlag: Simone Fleck, Schirner,
unter Verwendung von # 134373722
(Warren Goldswain), # 188233268
(chocoma87) und von # 177907376
(The Last Word), www.shutterstock.com
Satz: Simone Fleck, Schirner
Lektorat: Katja Hiller, Schirner
Printed by: Ren Medien GmbH, Germany

www.schirner.com

1. Auflage Juli 2015

Sandy Taikyu Kuhn Shimu

Der kleine Reiseführer zum GLÜCK

BUDDHA
im Gepäck

WEISHEITEN, GESCHICHTEN UND ÜBUNGEN
für mehr Gelassenheit, innere Kraft und Lebensfreude

Schirner Verlag

DIE REISE ZU DIR SELBST

Lasse dich von der unbändigen Kraft des Windes führen.
Der klärende Regen reinigt deine trüben Gedanken,
und der Sturm der Zuversicht fegt alle Zweifel fort.

Der leuchtende Mond weist dir den Weg zu deinem Herzen.
Das heilende Licht der Klarheit lässt deinen Geist erstrahlen
und dich tief in den Urgrund des Seins blicken.

Mutter Erde öffnet ihren Schoß,
nimmt dich auf und schenkt dir Trost.
Vater Himmel schiebt die Wolken der Unwissenheit beiseite
und hebt die Grenzen zwischen Ich und Du auf.

Die mächtige Stimme der Natur hallt in dir nach.
Wie ein endloses Echo begleitet sie deinen Weg zu dir selbst.
Den Kopf auf das weiche Kissen gelegt,
fällst du in den traumlosen Schlaf der Erwachten.

Gewidmet allen Reisenden auf dem Pfad zu sich selbst
Januar 2015

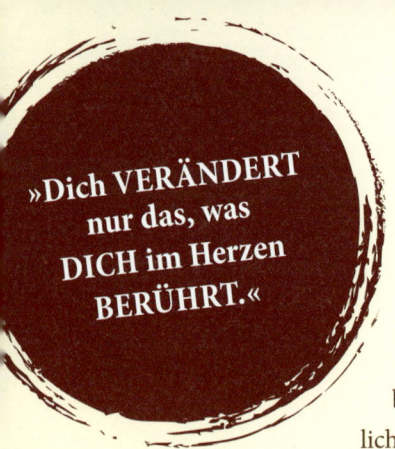

Auf den Spuren Buddhas

Jede Reise ist auch eine Reise zu sich selbst! Vom ersten Impuls, einer vagen Idee und leisen Vorstellung vergehen manchmal nur wenige Tage oder Wochen bis zur konkreten Planung und der tatsächlichen Umsetzung, der Reise selbst. Genau so war es bei meiner zweiten Pilgerreise. Da war dieser innere Anstoß, dieser sanfte Drang, zu entdecken, zu erfahren, zu erleben und an die Orte zu pilgern, an denen einer der größten Weisheitslehrer der menschlichen Geschichte, der historische Buddha Shakyamuni, vor über 2500 Jahren gelebt, gelehrt und gewirkt hatte.

Auf den Spuren Buddhas: Gedacht, geplant und getan! Ich habe in Indien mehr als 2500 km zurückgelegt und dabei dreizehn Städte besucht. Ich bin zu über dreißig verschiedenen buddhistischen Sehenswürdigkeiten, Ruinen, Stupas, Klöstern und Tempeln gepilgert. Neben Zug, Bus und Auto waren Rikscha, Boot, Tuk Tuk und ein Ochsenwagen meine Transportmittel. Einige kürzere Strecken habe ich auch zu Fuß gemeistert und so zum Beispiel die Grenze zwischen Indien und Nepal überschritten.

Auf meiner spirituellen Reise habe ich viel erlebt: Lautes, Stilles, Schrilles, Schönes, Tragisches, Trauriges, Ungewohntes und Spektakuläres. Den Pilger verändert nicht das Ziel, sondern der Pfad, den er geht. Eine Reise bedeutet immer Wandlung, Veränderung und auch Anpassung. Genau wie auf unserer Lebensreise heißt das, die Fähigkeit zu entwickeln, anzunehmen und auch immer wieder loszulassen. Mit Respekt und Achtung anderen Menschen zu begegnen, zu teilen, eine gewisse Zeit gemeinsam zu leben, zu lachen und zu weinen. Es bedeutet Erfahrungen zu machen, zu hinterfragen und sich auf Neues einzulassen. Reisen verbindet uns auf eine sehr ehrliche und authentische Art und Weise mit dem Leben. Jede Reise ist in Wahrheit immer auch eine Suche nach unserem persönlichen Glück. Im Grunde genommen reisen wir jeden Tag, wir sind die Reiseführer in unserem Leben. Wir selbst sind unsere treuen und stetigen Begleiter auf unserer ganz persönlichen Reise zum Glück!

Ich freue mich sehr, dass Sie mich auf dieser faszinierenden und außergewöhnlichen spirituellen Reise begleiten. Lassen Sie sich von meinen Bildern, Weisheiten, Geschichten und Übungen berühren. Mögen Sie zu wahrer innerer Ruhe und Kraft, zu tiefer Gelassenheit, Klarheit und Lebensfreude finden. Ich wünsche Ihnen viele inspirierende Momente und friedvolle, erleuchtende Gedanken!

Buddha sagte so treffend: »Alle Menschen sind eins. Was sie unterscheidet, ist der Name, den man ihnen gibt.« Lassen Sie uns gemeinsam eine spirituelle Brücke des Friedens, der Anteilname, der Herzlichkeit, der Offenheit, der Akzeptanz und der Gleichwertigkeit errichten. Öffnen wir unser Herz und unseren Geist für die Wunder dieser Welt. Mögen Sie und alle Wesen glücklich sein!

In Verbundenheit
Ihre Sandy Taikyu Kuhn Shimu

WAHRE KUNST
zeigt sich nicht im Objekt,
sie offenbart sich im
Herzen des Betrachters.

DER STURM
der Verblendung
zieht vorüber,
wenn sich die Wolken
von Ich und Du,
Mein und Dein,
aufgelöst haben.

Ein junger Novize fragte den weisen Abt: »**Warum ist es so wichtig, dass man in der Gegenwart lebt?**«

Der Weise erwiderte treffend: »Immer wenn wir depressiv sind, leben wir in der Vergangenheit. Immer wenn wir ängstlich sind, leben wir in der Zukunft. **Nur dann, wenn wir Frieden erfahren, leben wir auch in der Gegenwart. Wenn Tun und Sein zusammenfallen, leben wir das Leben, die Gegenwart, den Moment – ganz aus uns selbst heraus!**«

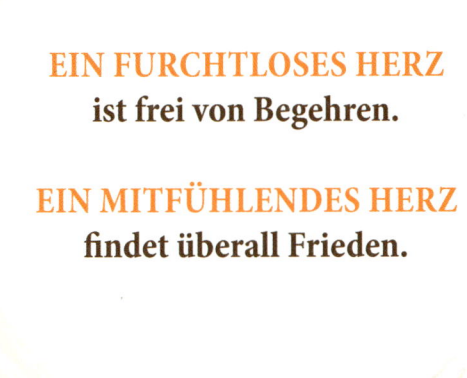

EIN FURCHTLOSES HERZ
ist frei von Begehren.

EIN MITFÜHLENDES HERZ
findet überall Frieden.

**DER WAHRE LÄRM
DIESER WELT**
sind deine
lauten Gedanken.

Eine Mutter, die ihr einziges Kind verloren hatte, kam ganz verzweifelt zu Buddha. In Tränen aufgelöst schluchzte, jammerte und klagte sie über diesen unendlich großen und schmerzhaften Verlust, die Trauer und die tiefe Leere, die sie empfand. Sie sei Witwe und werde nie mehr die Möglichkeit haben, ein weiteres Kind zu gebären.

Sie bat Buddha um Hilfe und versprach, dass sie alles tun würde, damit sie ihr geliebtes Kind, das ihr ganzer Lebensinhalt war, zurückbekomme.

Buddha lächelte und sprach sanft zu ihr: »Liebe Frau, bitte geh in die Stadt zurück, und bring mir eine Handvoll Senfsamen aus einem Haus, in dem bis jetzt noch nie jemand gestorben ist.«

Voller Zuversicht kehrte die Mutter in die Stadt zurück. Sie klopfte an jedes Haus und trug ihre Bitte vor, doch ohne Erfolg. An jeder Tür sagten die Menschen dasselbe: »Wir können dir zwar so viele Senfsamen geben, wie du möchtest, aber auch hier sind schon viele Menschen gestorben.« Hoffnungslos enttäuscht kehrte die Frau zu Buddha zurück.

Auf dem Weg zum Meister verstand sie plötzlich und sprach zu sich selbst: »**Der Tod ist etwas ganz Natürliches und nichts Persönliches. Er ist weder Glück noch Unglück, weder gerecht noch ungerecht. Sterben und Tod sind Bestandteile des Lebens. Vergänglichkeit ist das Leben.**«

Mit dieser tiefen Einsicht trat sie erneut vor Buddha und sprach: »Großer Meister, ich habe erkannt, dass der Tod ein Bestandteil des Lebens ist. Bitte nimm mich in die Gemeinschaft auf, ordiniere mich und lehre mich. Jetzt möchte ich den Teil in mir erfahren und kennenlernen, der unsterblich ist!«

Das Wesentliche erkennen

Nehmen Sie Ihre bevorzugte Meditationshaltung ein. Schließen Sie die Augen, entspannen Sie den Körper, und lassen Sie Ihre Gedanken wie Wolken oder Vögel am Himmel vorbeiziehen. Finden Sie zu körperlicher und geistiger Ruhe. Richten Sie Ihre Achtsamkeit auf die Atmung. Atmen Sie während der gesamten Übung entspannt und ruhig durch die Nase ein und aus.

Reflektieren Sie über die Unbeständigkeit. Alles ist einem stetigen Wandel unterworfen, nichts bleibt für immer. Alles ist vergänglich, unbeständig und verändert sich. Alles ist im Fluss, nichts bleibt, wie es ist.
Lassen Sie los!

Reflektieren Sie über die Unzulänglichkeit. Nichts bleibt für immer zufriedenstellend. Unzufriedenheit ist allgegenwärtig.
Bleiben Sie gelassen!

Reflektieren Sie über die Substanzlosigkeit. Nichts existiert aus sich selbst heraus. Alles entsteht in gegenseitiger Abhängigkeit voneinander. Alles ist mit allem und jedem verbunden.
Seien Sie achtsam und mitfühlend!

Sagen Sie zu sich selbst: »Ich kann annehmen und loslassen. Ich bleibe achtsam und unberührt. Ich bin mehr als meine Gedanken, Gefühle und Körperempfindungen. Ich bin mir meines edlen Kerns bewusst. Ich bin von Natur aus ein wahres Wesen. Ich lebe aus meiner inneren Mitte und meiner Kraft.«

Diese essenzielle Übung wird auch als »die drei Kennzeichen der Existenz« oder als »die drei Daseinsmerkmale« bezeichnet. Sie hilft Ihnen dabei, zu wahrem Glück, innerer Zufriedenheit und Gelassenheit zurückzufinden. Sie schärft Ihren Blick für das Wesentliche, schult Ihre Erkenntnis, vertieft Ihre Weisheit und hilft Ihnen, sich aus allen Verstrickungen zu befreien.

DIE KUNST DES LEBENS
besteht darin, das
anzunehmen, was ist,
das loszulassen, was nicht
ist, nichts hinzuzufügen und
nichts wegzulassen.

DER STURM TOBT,
der Bambus biegt sich.
Regen fällt vom Himmel,
der Damm bricht.
Gefühle sind so flüchtig
wie der Morgentau.
Mit den ersten Sonnenstrahlen
verdampft die Empfindung,
und das Blatt wird genährt.

Eine fleißige Schülerin fragte die Zen-Meisterin: »**Gibt es Bedingungen auf dem Weg zur Erleuchtung?**« – »Ja, die gibt es!«, antwortete die Meisterin und fuhr fort: »Der große Glaube, der große Zweifel und der große Mut!« Die Schülerin blickte etwas verwirrt und verstand nicht recht, was damit gemeint war.

Die Zen-Meisterin ergänzte: »**Erstens, der große Glaube, das Vertrauen und die Zuversicht, dass du es schaffen kannst. Zweitens, der große Zweifel, das Hinterfragen und das Prüfen, dass du die Welt ergründen willst. Und drittens, die Entschlossenheit und der große Mut, dass du diesen Weg gehst und unermüdlich übst!**«

**EIN FRIEDVOLLER
GEDANKE**
verändert mehr als
hundert friedvolle Worte.

Geistige Stärke, Klarheit und Präsenz

Nehmen Sie Ihre gewohnte Meditationshaltung ein. Schließen Sie die Augen, entspannen Sie den Körper, und lassen Sie Ihre Gedanken still werden. Finden Sie zu körperlicher und geistiger Ruhe. Richten Sie Ihre Achtsamkeit auf die Atmung. Atmen Sie während der gesamten Übung entspannt und gelassen durch die Nase ein und aus.

Beginnen Sie jetzt, Ihre Atemzüge von eins bis zehn zu zählen. Atmen Sie ein, zählen Sie gedanklich eins, dann atmen Sie aus. Atmen Sie wieder ein, zählen Sie zwei, und atmen Sie aus. Atmen Sie wieder ein, und zählen Sie drei, dann atmen Sie aus. Fahren Sie fort, bis Sie zu zehn kommen. Dann beginnen Sie wieder bei eins. Sie zählen ganz bewusst nur Ihre **Ausatmung.** Wenn Sie sich verzählen, beginnen Sie wieder bei eins. Üben Sie mindestens zehn Minuten lang oder einfach so lange, wie Sie mögen. Verweilen Sie danach noch einen Moment in der ruhigen, zentrierten, gelassenen und friedvollen Haltung Ihres Körpers und Ihres Geistes. Genießen Sie die Stille und die Harmonie.

Diese einfache Übung ist sehr wirkungsvoll. Sie schenkt Ihnen Energie, innere Stärke und Kraft. Sie vertreibt Müdigkeit, zentriert, fördert Klarheit und Einsicht und hilft Ihnen dabei, loszulassen.

DIE TRÄNEN
DER ERKENNTNIS

tragen das Salz der Wahrheit
in sich. Sie schmecken nach
Demut, Dankbarkeit und
Mitgefühl.

Ein eifriger Mönch übte Tag und Nacht, er war bestrebt, die Lehre Buddhas zu verwirklichen und Erleuchtung zu erlangen. Der Orden der Gemeinschaft zählte bereits sehr viele Mitglieder, und es war nötig, dass ein ausführliches Regelwerk den Umgang der Mönche untereinander bestimmte. **Der Mönch war aber nicht in der Lage, sich über zweihundert Regeln zu merken, und bat Buddha um Rat.**

Der Meister erkannte, wie gewissenhaft sein Schüler seine Lehre verfolgte, und kürzte das Regelwerk für ihn auf zehn Regeln. Motiviert übte der Mönch weiter, doch schon nach wenigen Tagen stand er erneut hilf- und ratlos vor dem Erhabenen. Er konnte sich auch diese zehn Regeln nicht merken. Bestürzt über sein Versagen, wollte der Mönch die Gemeinschaft verlassen.

Buddha aber sprach zu ihm: »**Bist du in der Lage, dir eine einzige Regel zu merken?**« – »Ja, Meister, ganz gewiss bin ich dazu fähig!«, gab der Schüler hoffnungs- und erwartungsvoll zur Antwort. »**Gut**«, sprach Buddha, »**Sei achtsam!**«

WAHRER REICHTUM
ist eine Frage der
inneren Haltung.

RESPEKT
entsteht aus der
Einsicht der
Gleichwertigkeit.

Zufriedenheit im Alltag

Es gibt ganz einfache Tricks, wie Sie sich die Zufriedenheit in den Alltag zurückholen können. Bewusstheit und Eigenverantwortlichkeit spielen dabei eine entscheidende Rolle.

TIPP 1:

Lenken Sie Ihre Aufmerksamkeit im Leben auf das, was Sie bereits haben, und nicht auf das, was Ihnen vermeintlich noch alles fehlt. (Das Glas ist halb voll!)

TIPP 2:

Integrieren Sie den Begriff »obwohl« in Ihren Wortschatz. »Obwohl ich mir eine Zerrung zugezogen habe, bin ich zufrieden und dankbar, weil ich den Rest meines Körpers und meinen Geist immer noch frei bewegen und nutzen kann.«

TIPP 3:

Sagen und denken Sie viel mehr »Danke« – auch bei gewöhnlichen und unscheinbaren Vorkommnissen. Bedanken Sie sich z. B. für das Wasser unter der Dusche, das Dach über Ihrem Kopf, die Schuhe, die Sie tragen, das Buch, das Sie lesen.

TIPP 4:

Wiederholen Sie gedanklich die folgenden heilsamen und positiven Leitsätze voller Zuversicht, Energie und Vertrauen: »Ich bin gelassen. Ich nehme an. Ich bin im Hier und Jetzt. Ich lasse los. Ich vertraue.« So finden Sie auch in Ihrem Alltag immer wieder in den Augenblick, zur Zufriedenheit und zur inneren Mitte zurück.

TIPP 5:

Versuchen Sie, Veränderungen wertzuschätzen. Erkennen Sie, dass die Akzeptanz der Vergänglichkeit die Zufriedenheit nicht ausschließt. Im Gegenteil: Je mehr Sie loslassen und je besser Sie sich der Wandlung hingeben können, desto zufriedener werden Sie.

TIPP 6:

Bringen Sie Ihre Achtsamkeit immer wieder in den gegenwärtigen Moment zurück. Hier liegt die Quelle Ihrer Zufriedenheit und Ihrer Kraft. Konzentrieren Sie sich z. B. auf Ihre Atmung, oder beschreiben Sie gedanklich jeden Teil der Tätigkeit, die Sie gerade ausführen.

TIPP 7:

Erlauben Sie sich, zufrieden und glücklich zu sein. Jeder Mensch verdient es, sich selbst und das Leben zu lieben.

GROSSE VERWIRRUNG
ist der erste Schritt
zur großen Befreiung.

DU BIST NICHT UNGLÜCKLICH,
weil du nicht bekommst,
was du willst,
sondern weil du nicht
zufrieden bist mit dem,
was du hast.

Als Buddha Rast in einem kleinen Waldstück machte, bat er einen seiner Schüler darum, ihm am nahe gelegenen Fluss etwas Wasser zu holen, damit er seinen Durst stillen könne. Der junge Novize nahm die Bettelschale seines Meisters und verschwand. Inzwischen hatten mehrere Ochsen und Fuhrwerke den Fluss durchquert und so stark aufgewühlt, dass Schlamm und Dreck oben schwammen und das ganze Wasser verunreinigt war. **Der junge Mann konnte kein Wasser schöpfen** und kehrte mit der leeren Schale zu Buddha zurück.

Er schilderte aufgeregt, was passiert war, und fragte den Meister um Rat. Buddha erwiderte ruhig: »Nimm meine Schale, und geh zurück zum Fluss. Setz dich ans Ufer, und warte geduldig, bis das Wasser wieder rein und klar ist. Es braucht etwas Zeit, bis sich der Schlamm wieder gesetzt hat und die Blätter von der Strömung mitgeführt wurden. **Aber alles unterliegt der Veränderung. Alles fließt! Nichts bleibt, wie es war, alles wandelt sich. Geh und warte!«**

Der Novize kehrte zum Fluss zurück, und zu seinem Erstaunen war das Wasser bereits wieder klar und rein. Er füllte die Bettelschale mit Wasser und kehrte zu Buddha zurück. Auf dem Rückweg verstand er plötzlich und sprach zu sich selbst: »Genauso wie Blätter, Dreck und Schlamm nicht in den Fluss gehören, sind auch unsere Emotionen, Gedanken und Gefühle nicht unsere wahre Natur. Wenn wir geduldig warten, werden auch sie sich absetzen, verändern und verschwinden. **Reinheit und Klarheit wird sich immer von selbst durchsetzen.** Wie das saubere, klare Wasser taucht dann auch unser edler reiner Kern, unser natürliches, wahres Wesen auf!« **Er lächelte dankbar und übergab Buddha die Schale mit dem frischen Wasser.**

《

DAS KLEINERE
kann das Größere
nicht fassen.

DAS LEBEN
beginnt jetzt!

WENN DU FREI VON DIR SELBST BIST, kannst du alles sein.

Energie im Alltag

Ein ausgewogenes Energiemanagement zu entwickeln ist nicht schwierig. Es ist weniger eine Frage des Könnens, vielmehr eine Frage des Wollens! Unsere stärkste Kraftquelle liegt in uns selbst, in einem aufrichtigen »Ja« zu uns selbst und zum Leben.

Hier ein paar einfache Tipps für Ihren Alltag:

› Entwickeln Sie Achtsamkeit für den Moment. Halten Sie immer wieder einmal inne, atmen Sie durch, und überprüfen Sie, was Sie gerade tun.
› Gönnen Sie sich eine Pause.
› Entspannen Sie immer wieder Ihre Schultern und Ihr Gesicht.
› Halten Sie Ihre Wirbelsäule aufrecht.
› Erden Sie sich über Ihre Füße, indem Sie Ihre Beine gleichmäßig belasten.
› Ersetzen Sie einen negativen Gedanken durch einen positiven.
› Ersetzen Sie eine falsche Handlung durch eine richtige.
› Sagen Sie ganz einfach »Stopp«, wenn Ihr Geist zu viele (oder die falschen) Gedanken hervorbringt.
› Lernen Sie, sich abzugrenzen, sagen Sie »Nein«.
› Atmen Sie tief durch.
› Lächeln Sie!

DER MENSCH,
der bereut,
ist der wahre Held.

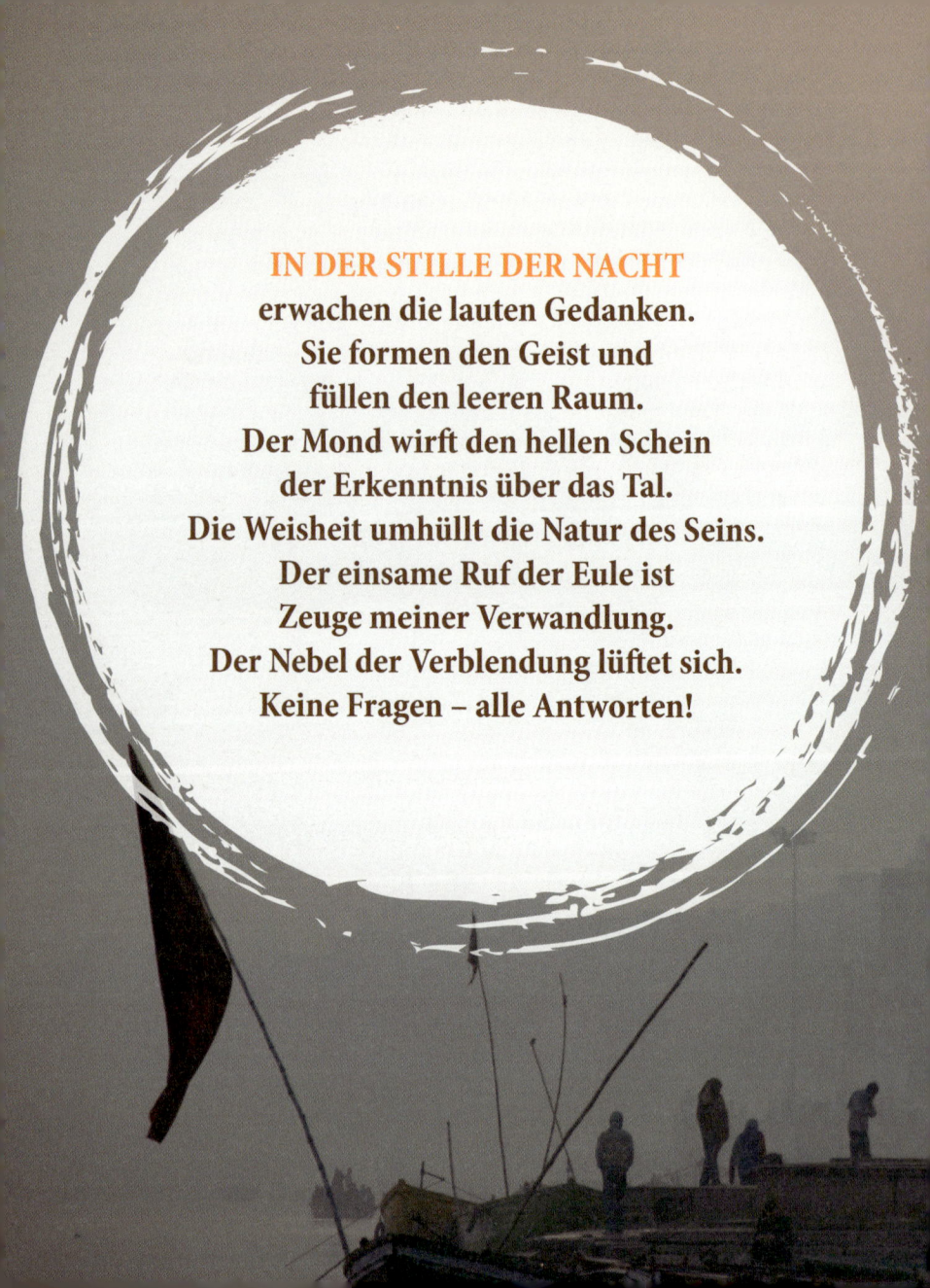

IN DER STILLE DER NACHT
erwachen die lauten Gedanken.
Sie formen den Geist und
füllen den leeren Raum.
Der Mond wirft den hellen Schein
der Erkenntnis über das Tal.
Die Weisheit umhüllt die Natur des Seins.
Der einsame Ruf der Eule ist
Zeuge meiner Verwandlung.
Der Nebel der Verblendung lüftet sich.
Keine Fragen – alle Antworten!

Nachdem Buddha die Erleuchtung erlangt hatte, begegnete er einem Fremden auf der Straße. Überwältigt von der reinen, klaren, friedlichen und starken Ausstrahlung erkundigte sich der Mann beim Erhabenen: **»Sind Sie ein Gott oder ein Heiliger?«** – »Nein«, erwiderte Buddha.

»Dann sind Sie ein himmlisches Wesen oder ein Zauberer?«, fuhr der Mann fort. »Nein«, sagte Buddha erneut. »Sind Sie ein Mensch?«, fragte der Mann weiter.

»Nein«, gab Buddha zur Antwort. »Aber was sind Sie dann?«, wollte der erstaunte Fremde wissen. Buddha lächelte und sprach: **»Ich bin wach!«**

GEFÜHLE UND EMOTIONEN
sind wie die Gezeiten.
Sie kommen und gehen.
Unbeständigkeit ist
ihr wahres Wesen.

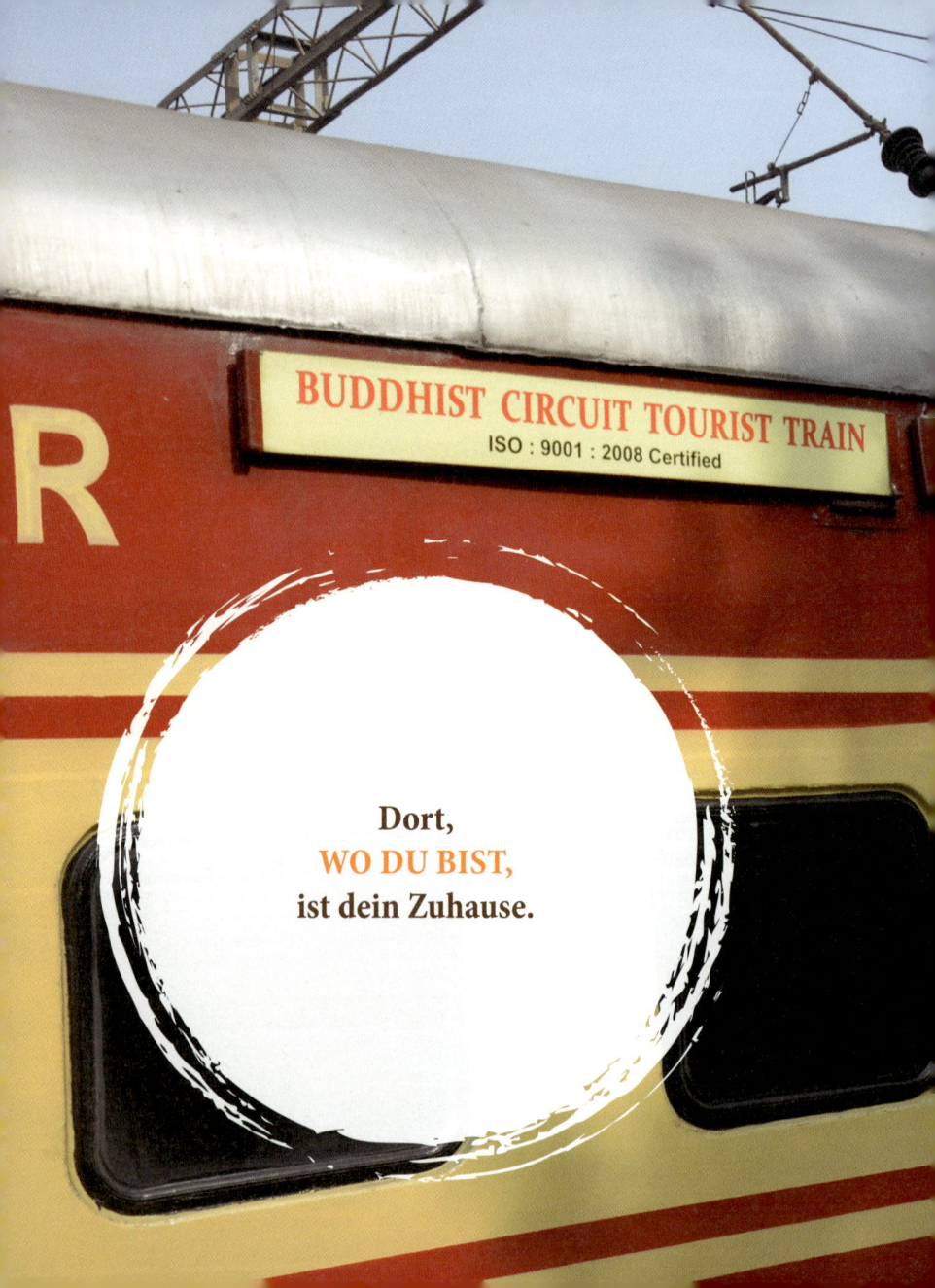

BUDDHIST CIRCUIT TOURIST TRAIN
ISO : 9001 : 2008 Certified

Dort,
WO DU BIST,
ist dein Zuhause.

Die Kraft der Stille

Edles Schweigen hilft Ihnen, die Achtsamkeit auf die innere Welt zu richten. Die direkte Erfahrung mit sich selbst und den eigenen Gefühlen ist dabei der zentrale Punkt. Was geschieht mit Ihnen, wenn Sie sich nicht mehr im Außen mit jemandem verbinden oder austauschen können? Wie fühlen Sie sich? Was löst dieses Schweigen in Ihnen aus? Wie reagieren Sie körperlich und mental darauf? Halten Sie es mit sich selbst aus? Edles Schweigen wirft Sie auf sich selbst zurück. Wenn Sie sich wahrhaft auf diese spirituelle Übung einlassen, merken Sie sehr rasch: **Schweigen ist viel mehr als nicht sprechen!**

Setzen Sie sich ein klar begrenztes Zeitfenster, in dem Sie nicht sprechen, kein Radio und keine Musik hören, nicht telefonieren oder fernsehen. Dies kann ein Tag oder auch ein paar Stunden, z. B. die Zeit zwischen 8 und 12 Uhr, sein.

Bewusste Phasen der absoluten Stille lassen Sie Ihre Gewohnheiten erkennen und Ihre gedanklichen Muster wahrnehmen und verändern. Sie erfahren eine tiefe Verbundenheit und große Kraft. Edles Schweigen bringt Sie wieder mit sich selbst in Kontakt. Es ist die Rückkehr zu einem klareren und tieferen Verständnis der eigenen Natur und der Welt an sich.

INSPIRATION
geschieht durch das
Fallenlassen jeglicher
Ideen und Konzepte.

Aus der
INNEREN LEERE
entsteht die Fülle
dieser Welt.

»Was ist das Wesen des Selbst?«, wollte ein Herrscher von einem Zen-Meister wissen. **Der Weise blieb still.**

»Ich habe dich gefragt, was das Wesen des Selbst ist?«, wiederholte der Mann ungeduldig. Der Meister schwieg.

Aufgebracht brüllte der Herrscher: »Hörst du schlecht? Ich will von dir wissen, was das Wesen des Selbst ist. Ich erwarte umgehend eine Antwort von dir!«

Gelassen antwortete der Meister: **»Ich habe dir bereits drei Mal geantwortet. Aber du hörst mir nicht zu. Das Wesen des Selbst ist die Stille!«**

WO IST DIE SONNE?
In deinem Herzen!

Nur
WER ETWAS WAGT,
der ist wirklich frei.

Worte der Kraft

Den nachfolgenden Sätzen wohnt ein starkes, universelles Potenzial inne. Es sind heilsame Kernaussagen, wertvolle Samen, die Ihrem Geist eine klare Richtung und eine feste und positive Grundstruktur verleihen.

Sie können sich einen oder mehrere Leitsätze aussuchen und diese gedanklich, z. B. mithilfe einer Gebetskette (Mala), rezitieren. Sie können den Satz vor dem Einschlafen wiederholen, bis Sie in den Schlaf sinken. Auch die Zeit am Morgen, direkt nach dem Aufwachen, eignet sich für die »Arbeit« mit den energievollen Vorsätzen. Natürlich können Sie die Worte der Kraft auch in Ihre Meditation integrieren und ihnen mithilfe der bewussten Atmung eine verstärkte positive Ausrichtung und eine bewusste Bestimmung geben.

Sagen Sie beim Einatmen z. B. in Gedanken »Ich verdiene es« und beim Ausatmen erweitern Sie den Satz mit den Worten »geliebt und respektiert zu werden«.

- Ich verdiene es, geliebt und respektiert zu werden.
- Ich darf loslassen und auf meinen inneren edlen Kern vertrauen.
- Ich bin mir selbst genug.
- Ich höre und vertraue auf meine innere Stimme.
- Ich übernehme die Verantwortung für mich und meine Entscheidungen.
- Ich gebe mich der Wandlung und der Veränderung hin.
- Ich liebe das Leben.
- Ich entwickle Gelassenheit und Geduld.
- Ich ruhe in mir selbst.
- Ich nehme meine Bedürfnisse wahr und lebe sie.
- Ich bin mir wichtig.
- Ich erlaube mir, zu experimentieren und neue Erfahrungen zu machen.
- Ich lebe mein Potenzial.
- Ich bin voller positiver und heilsamer Energie.
- Ich ruhe ganz in meiner Kraft.
- Ich habe den Mut, meinen eigenen Weg zu gehen.
- Ich vertraue mich dem Lebensfluss an.
- Ich lebe im Hier und Jetzt.
- Ich denke, fühle und handle im Einklang mit meinem wahren Selbst.
- Ich lebe aus meiner Mitte.
- Ich kann mein Leben genießen.
- Ich darf glücklich sein.
- Ich fühle Geborgenheit und Wertschätzung in mir.

»**Wie soll mein Geist sein?**«, erkundigte sich eine Nonne während des Zwiegesprächs mit ihrer Meisterin.

Diese fragte: »Welche Spur hinterlässt ein Vogel, wenn er von einem Baum zum nächsten fliegt?«

Die Nonne blieb still.

Die Meisterin fuhr fort: »Was bleibt im Spiegel, wenn du gegangen bist?«

Die Frau hörte weiter aufmerksam zu, ohne etwas zu erwidern, als die Meisterin sprach: »**Was auch immer passiert, was auch immer du tust, hinterlasse keine Spuren – so soll dein Geist sein!**«

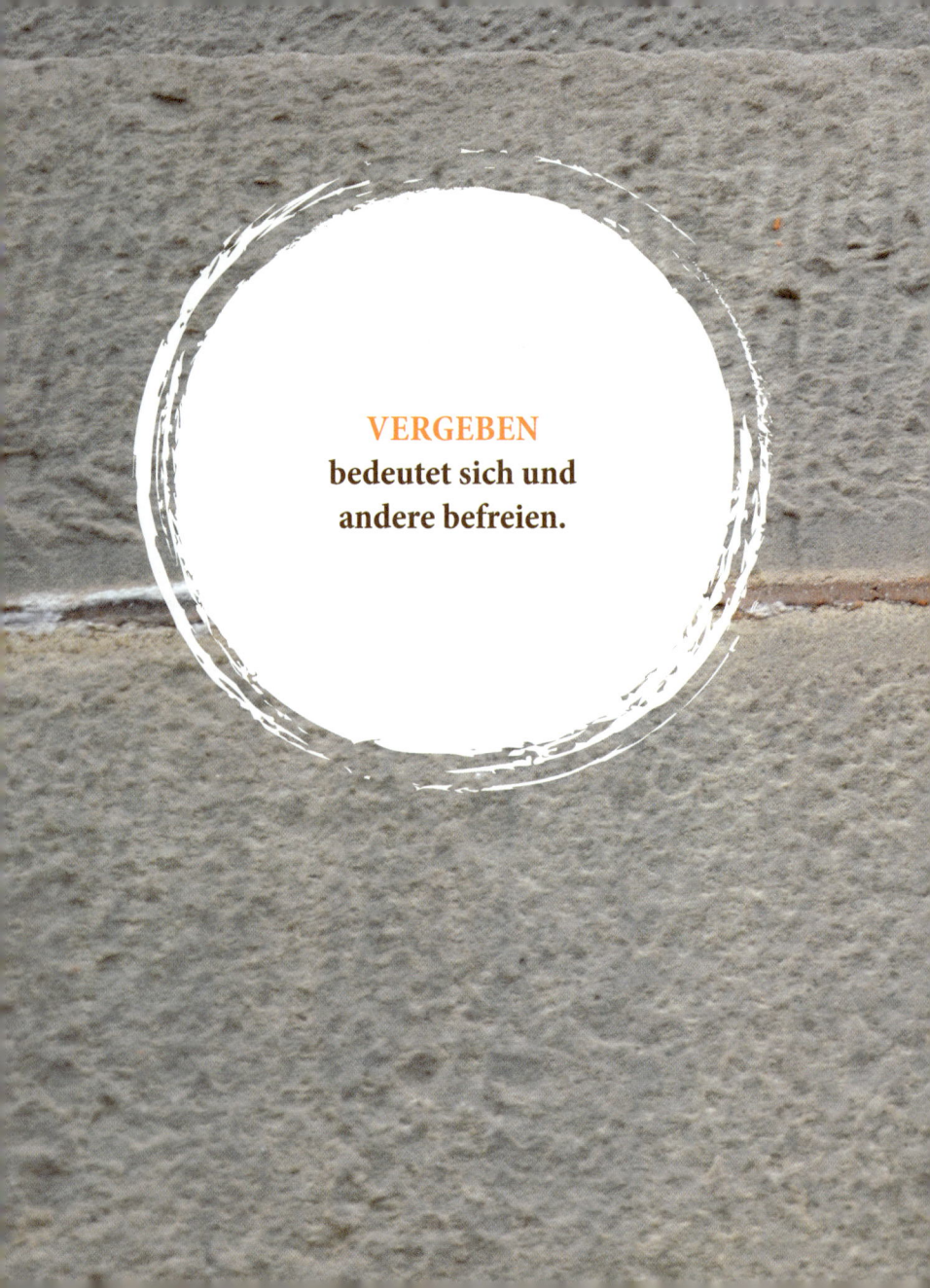

VERGEBEN
bedeutet sich und
andere befreien.

GENÜGSAMKEIT
ist das Tor zu innerer
und äußerer Freiheit.

TUE GUTES UND HEILSAMES.
Vermeide Böses und
Unheilsames. Läutere deinen
Geist, und öffne dein Herz.
Das ist der Weg.

Innerer Frieden, Gelassenheit und Ruhe

Nehmen Sie Ihre bevorzugte Meditationshaltung ein. Schließen Sie die Augen, entspannen Sie Ihren Körper, und lassen Sie Ihre Gedanken zur Ruhe kommen. Richten Sie Ihre Achtsamkeit entspannt auf die Atmung. Atmen Sie während der gesamten Übung ruhig und gelassen durch die Nase ein und aus.

Beginnen Sie jetzt, Ihre Atemzüge von eins bis zehn zu zählen. Atmen Sie ein, zählen Sie gedanklich eins, dann atmen Sie aus. Atmen Sie wieder ein, zählen Sie zwei, und atmen Sie aus. Atmen Sie wieder ein und zählen Sie drei, dann atmen Sie aus. Fahren Sie fort, bis Sie zu zehn kommen. Dann beginnen Sie wieder bei eins. Sie zählen ganz bewusst nur Ihre **Einatmung.** Wenn Sie sich verzählen, beginnen Sie wieder bei eins. Üben Sie mindestens zehn Minuten lang oder einfach so lange, wie Sie mögen. Verweilen Sie danach noch einen Moment in der ruhigen, zentrierten, gelassenen und friedvollen Haltung Ihres Körpers und Ihres Geistes. Genießen Sie die Stille und die Harmonie.

Diese einfache Atemübung ist sehr wirkungsvoll. Sie stärkt Ihre Konzentrationsfähigkeit, wirkt der Zerstreuung entgegen, beruhigt Ihre Nerven und lässt Sie sowohl körperlich als auch geistig zur Ruhe kommen.

Eine junge Schülerin übte sich in einer speziellen Form der Meditation. **Sie schenkte allen Menschen ihre wohlwollende Güte, ihr Mitgefühl und ihre Liebe.** Jeden Tag saß sie auf ihrem Kissen und öffnete ihr Herz und ihren Geist für alle fühlenden Wesen.

Nach ihrer Praxis besuchte sie immer einen Markt ganz in der Nähe. Wie jeden Tag machte ihr auch an diesem Tag ein aufdringlicher Standbesitzer das Leben schwer. Seit Monaten belästigte und verfolgte er sie mit Worten und Taten.

Da riss der jungen Frau der Geduldsfaden. Sie drehte sich um und jagte den Aufdringling mit ihrem Schirm quer über den ganzen Markt. Am Rande angekommen begegnete sie ganz überraschend ihrem Meister.

Erschrocken zuckte sie zusammen und machte sich auf eine Zurechtweisung von ihm gefasst. Sie schämte sich sehr dafür, dass sie die Fassung verloren hatte und so auf den Mann losgegangen war.

Der Meister sprach: »**Du sollst dich in liebender Güte schulen, dein Herz und deinen Geist für diesen üblen Nachsteller öffnen und ihm dann mit so viel Nachsicht und Verständnis, wie du aufbringen kannst, den Regenschirm über den Kopf ziehen!**«

KREATIVITÄT
entsteht durch
Freiheit und Muße.

LASSE DEINE TATEN
so absichtslos und natürlich
geschehen, wie Regentropfen
vom Himmel fallen,
dann gibt es weder
Richtig noch Falsch.

Ein Zen-Mönch stand an einem tiefen Brunnen und schöpfte Wasser. **Ein junger Mann kam des Weges und erkundigte sich neugierig, weshalb der Mönch den Weg der Entsagung, der Stille und der Abgeschiedenheit gewählt habe.** Er selbst könne sich den gewinnbringenden Nutzen eines Lebens in Meditation und Askese nicht vorstellen.

Der Mönch stellte seinen Wasserkrug beiseite und sprach: **»Schau in den Brunnen. Was siehst du?«**

Der Mann blickte in den dunklen Brunnen, konnte aber nichts erkennen. **»Nichts!«**, gab er zur Antwort.

Nach einer Weile bat der Mönch den Mann erneut, einen Blick in den Brunnen zu werfen. »Was siehst du?« Der Mann sagte: **»Ich sehe mich!«**

Es verging wieder eine kurze Zeit, und der Mönch forderte den Mann nochmals auf, in den Brunnen zu schauen.

»Was siehst du?«, erkundigte er sich. »**Ich sehe bis auf den Grund. Ich kann sogar die einzelnen Steine erkennen!**«, erwiderte der Mann.

»Gut«, sprach der Zen-Mönch und ergänzte: »**Meditation bedeutet, den Krug beiseite zu stellen und aufzuhören, das Wasser aufzuwühlen.**

Das Wasser, also die Gedanken, beruhigen sich, Stille und Klarheit treten ein. Zuerst erkennst du dein wahres Wesen. Wenn du weiter übst, dich in Gelassenheit schulst und zu Ruhe und Klarheit kommst, siehst, verstehst und durchdringst du den Grund aller Dinge im Leben.«

Der Sinn des Leben

Es gibt drei philosophischen Grund- bzw. Sinnfragen im Leben eines jeden Menschen:

› **Wer bin ich?**
› **Woher komme ich?**
› **Wohin gehe ich?**

Befassen Sie sich, wann immer Sie mögen, mit einer dieser Fragen. Nehmen Sie sie in Ihren Alltag oder in die Stille, in die Meditation, mit. Verbeißen Sie sich aber nicht. Geben Sie sich mit keiner Antwort zufrieden. Am Anfang steht die Frage. Dann folgen die Antworten. Irgendwann verschwinden die Antworten, und dann verschwinden auch die Fragen. Wenn Frage und Antwort sich auflösen, entstehen Stille und Klarheit, und Erkenntnis und Einsicht sind die Folge!

Das Leben hat genau so viel Sinn, wie Sie bereit sind, ihm zu geben. Diese faszinierende Übung lässt Sie auf eine spielerische Art und Weise in die komplexen Zusammenhänge des Lebens eintauchen und das Wunder der Welt erfahren. Der Sinn der Fragen liegt im Fragen selbst. Genau so, wie der Sinn des Lebens im Leben selbst liegt!

**DIE REGUNGEN
DEINES GEISTES**
entstehen durch die
Identifikation mit dir selbst.
Verschwindet das Selbst,
verschwindet die Unruhe,
und Stille entsteht in
deinem Geist.

ZUFRIEDENHEIT
findest du nicht in der
Abwechslung oder Zerstreuung.
Zufriedenheit entsteht
durch das tiefe Eintauchen
in eine einzige Sache.

**DURCHSCHREITE
DAS TORLOSE TOR.**
Kein Kommen, kein Gehen –
das ist der weglose Weg.

Körper und Geist verbinden

Nehmen Sie Ihre bevorzugte Meditationshaltung ein. Schließen Sie die Augen, entspannen Sie Ihren Körper. Finden Sie zu körperlicher und geistiger Ruhe. Richten Sie Ihre Achtsamkeit auf die Atmung. Atmen Sie während der gesamten Übung entspannt und ruhig durch die Nase ein und aus.

Lenken Sie Ihre Achtsamkeit auf die Nasenspitze oder auf die Nasenlöcher. Nehmen Sie ganz bewusst wahr, wie Sie ein- und ausatmen. Spüren Sie den Temperaturunterschied zwischen der kühleren Luft, die Sie einatmen, und der wärmeren Luft, die Sie ausatmen. Halten Sie Ihre Konzentration auf dieser Wahrnehmung. Verweilen Sie mindestens zehn Minuten lang oder so lange, wie Sie mögen. Verweilen Sie danach noch einen Moment in der tiefen Stille und klaren Bewusstheit, und genießen Sie den Frieden und die Harmonie.

Diese wunderbare Atmung schult Ihre Konzentrations- und Wahrnehmungsfähigkeit, lenkt Ihren Fokus und zentriert Ihren Geist. Körper und Geist lassen los und entspannen sich. Sie erfahren Sammlung und eine tiefe Ruhe und Klarheit.

DU ERKENNST DICH
durch den anderen.

DAS HERZ HEILEN
und den Geist befreien –
Verständnis ist die
Frucht der Meditation.

LEBEN IM EINKLANG
mit dem Herz-Geist bedeutet:
Hören und etwas verstehen.
Essen und etwas schmecken.
Reden und etwas sagen.
Berühren und etwas fühlen.
Riechen und etwas wahrnehmen.
Denken und etwas wissen.
Sehen und etwas erkennen.
Handeln und etwas bewirken.

Würde und Stabilität

Die wiederholte Praxis des langsamen und achtsamen Gehens beein-flusst Ihr Leben und bringt Ihnen in allen Handlungen des Alltags mehr Gleichgewicht und Stabilität. Mit dem langsamen Gehen entwickeln Sie eine Haltung von großer Würde und Kraft, und es fördert Ihre Achtsam-keit und Ihre Gelassenheit. Zudem schult diese Übung Ihre Bewusstheit und Wahrnehmung und bringt Sie in die Gegenwart, ins Hier und Jetzt, zurück.

Beim langsamen Gehen ist die Konzentration auf jeden Aspekt wesent-lich. Achten Sie auf eine gleichmäßige und fließende Verlagerung des Gewichts und auf das achtsame und bewusste Aufsetzen des Fußes. Setzen Sie zuerst Ihre Ferse auf, und rollen Sie dann behutsam den Fuß ab. Halten Sie dabei Ihre Wirbelsäule gerade, d. h., der Rücken ist durch-gestreckt, der oberste Teil Ihres Kopfes verlängert sich zum Himmel und der Nacken ist möglich lang gestreckt. Das Kinn ist leicht nach hinten gezogen. Ihre Schultern lassen Sie locker, und Ihre Arme und Ihr Gesicht sind entspannt. Richten Sie den Blick ganz natürlich und ohne etwas zu fixieren etwa zwei Meter vor sich auf den Boden. Gehen Sie langsam, entspannt und natürlich.

Sie haben kein Ziel, das Sie erreichen müssen. Sie haben alle Zeit der Welt! Mit jedem Schritt sind Sie schon angekommen, Schritt für Schritt mitten im Leben. Lassen Sie Ihre Gedanken ziehen. Atmen Sie ruhig und regelmäßig durch die Nase ein und aus. Sie können die Atmung auch mit der Bewegung synchronisieren, indem Sie beim Anheben des Fußes einatmen und beim Aufsetzen des Fußes ausatmen oder mit einem Schritt ein- und mit dem nächsten Schritt ausatmen. Üben Sie mindestens zehn Minuten lang oder so lange, wie Sie mögen.

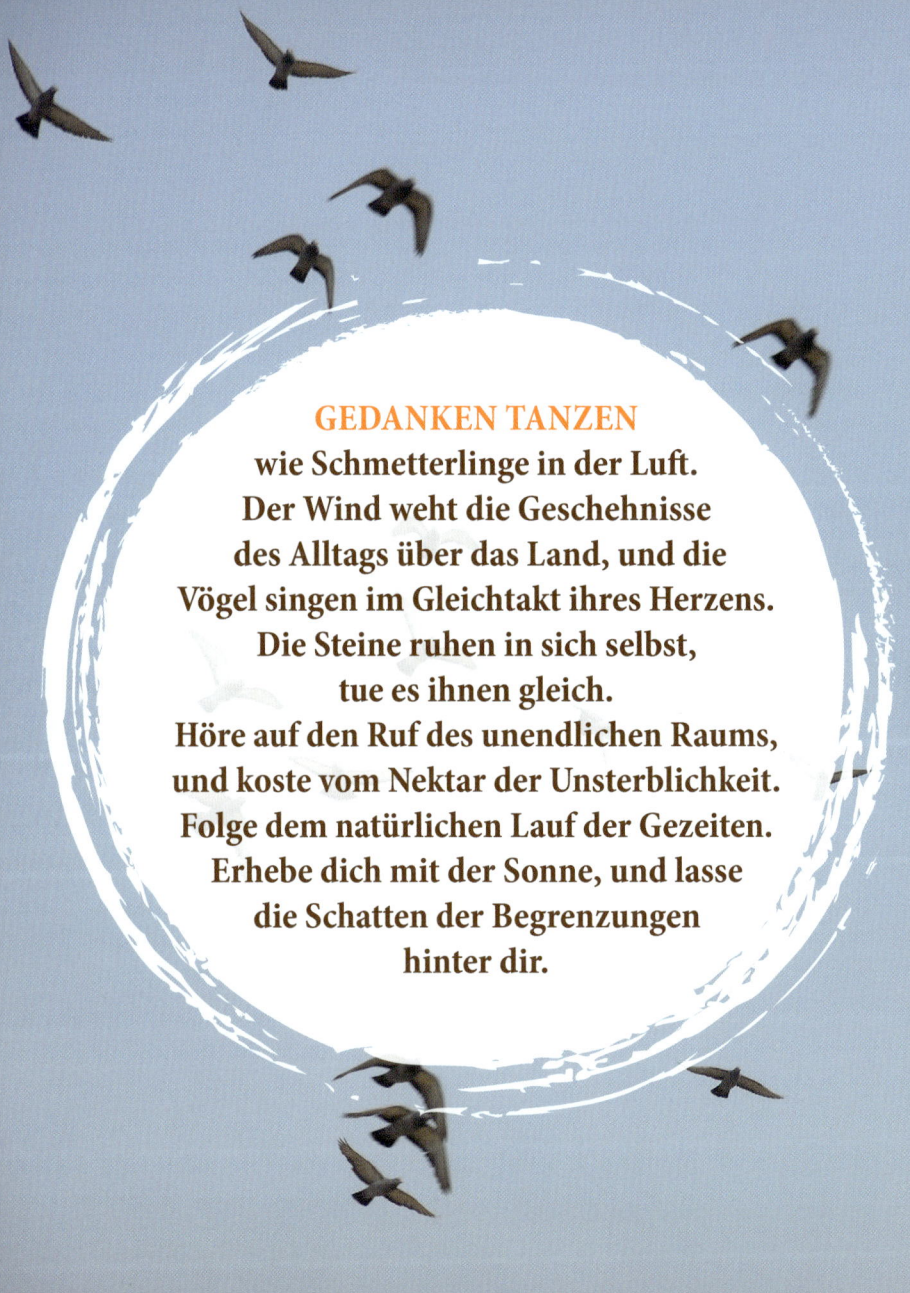

GEDANKEN TANZEN
wie Schmetterlinge in der Luft.
Der Wind weht die Geschehnisse
des Alltags über das Land, und die
Vögel singen im Gleichtakt ihres Herzens.
Die Steine ruhen in sich selbst,
tue es ihnen gleich.
Höre auf den Ruf des unendlichen Raums,
und koste vom Nektar der Unsterblichkeit.
Folge dem natürlichen Lauf der Gezeiten.
Erhebe dich mit der Sonne, und lasse
die Schatten der Begrenzungen
hinter dir.

**ENTWICKLE
EIN BEWUSSTSEIN**
der Dringlichkeit im
Angesicht der Vergänglichkeit.

JEDER MENSCH
wirft seinen
eigenen Schatten.

Die fünf Vertiefungen des Glücks

Suchen Sie einen Ort auf, an dem Sie für die folgende Übung ungestört verweilen können. Schalten Sie mögliche Störquellen aus, und nehmen Sie Ihre bevorzugte Meditationshaltung im Sitzen ein. Achten Sie auf eine aufrechte und stabile Körperhaltung. Schließen Sie die Augen, und lassen Sie den Atem leicht und natürlich durch die Nase ein- und ausströmen. Bleiben Sie während der ganzen Übung körperlich und geistig ruhig und entspannt.

1. VERTIEFUNG: EIN – AUS

Begleiten Sie Ihre Einatmung geistig mit dem Wort »ein« und Ihre Ausatmung mit dem Wort »aus«. Verweilen Sie ein paar Minuten oder ein paar Atemzüge lang. Sie sind sich zu jeder Zeit bewusst, dass Sie »einatmen«. Sie sind sich zu jeder Zeit bewusst, dass Sie »ausatmen«.

2. VERTIEFUNG: GLEICHMUT – LEBEN

Vertiefen Sie Ihr Glücksgefühl, indem Sie gedanklich beim Einatmen das Wort »Gleichmut« und beim Ausatmen »leben« wiederholen. Verweilen Sie ein paar Minuten oder ein paar Atemzüge lang. Sie sind sich zu jeder Zeit bewusst, dass Sie beim Einatmen »Gleichmut« und beim Ausatmen »leben« rezitieren.

3. VERTIEFUNG: FREUDE – SPÜREN

Nun wiederholen Sie beim Einatmen geistig das Wort »Freude« und beim Ausatmen »spüren«. Verweilen Sie ein paar Minuten oder ein paar Atemzüge lang. Sie sind sich zu jeder Zeit bewusst, dass Sie beim Einatmen »Freude« und beim Ausatmen »spüren« rezitieren.

4. VERTIEFUNG: MITGEFÜHL – EMPFINDEN

Für die nächste Vertiefung wiederholen Sie beim Einatmen bewusst gedanklich das Wort »Mitgefühl« und beim Ausatmen »empfinden«. Verweilen Sie ein paar Minuten oder ein paar Atemzüge lang. Sie sind sich zu jeder Zeit bewusst, dass Sie beim Einatmen »Mitgefühl« und beim Ausatmen »empfinden« rezitieren.

5. VERTIEFUNG: LIEBE – SEIN

Sie vertiefen Ihr Glücksgefühl ein weiteres Mal, indem Sie beim Einatmen gedanklich das Wort »Liebe« und beim Ausatmen »sein« wiederholen. Verweilen Sie ein paar Minuten oder ein paar Atemzüge lang. Sie sind sich zu jeder Zeit bewusst, dass Sie beim Einatmen »Liebe« und beim Ausatmen »sein« rezitieren.

Diese Übung lässt Sie ein tiefes Gefühl von Glück und Zufriedenheit erleben. Sie schult die vier wichtigsten geistigen Tugenden: Gleichmut, Freude, Mitgefühl und Liebe. Mit dieser Übung werden Sie sowohl körperlich als auch geistig gelassener, ruhiger, entspannter und fröhlicher. Sie spüren eine tiefe Verbundenheit mit sich selbst und mit allen anderen Wesen.

Der kleine
GLÜCKSRUCKSACK

Glück ist ...

... Freude teilen.

... Zeit schenken.

... jeden Tag mit einem Lächeln beginnen.

... Mitgefühl empfinden.

... sich über Kleinigkeiten freuen.

... seine Meinung sagen.

... Achtsamkeit kultivieren.

... eine Aufgabe haben.

... Wissen teilen.

... geduldig sein.

... helfen dürfen.

... sich verändern.

... Verantwortung übernehmen.

... loslassen können.

... sich für andere freuen.

... seinen Geist sammeln.

... sich verbunden fühlen.

... lieben dürfen.

... Dankbarkeit empfinden.

... sein Herz öffnen.

... improvisieren können.

Glück
ist ...

... unabhängig von den eigenen Emotionen sein.

... Energien fließen lassen.

... zuhören können.

... aus Fehlern lernen.

... sich entwickeln.

... mit wenig zufrieden sein.

... kreativ sein.

... vertrauen können.

... über sich selbst lachen.

... sich geborgen fühlen.

... Langeweile genießen.

... im Regen tanzen.

... Erfahrungen machen.

... Anteil am Leben anderer nehmen können.

... Verbundenheit zeigen.

... sich entscheiden dürfen.

... mutig sein.

... unabhängig von den Meinungen anderer sein.

... jeden Tag in Frieden mit sich und der Welt beenden können.

... so sein, wie man ist.

**DIE GUTEN
ALTEN ZEITEN**
entstehen gerade jetzt,
in diesem Augenblick.

Auch auf dem
SPIRITUELLEN WEG
lauern Gefahren. Es ist dein
eigener Geist, es sind deine
eigenen Gedanken, die dir die
größten Fallen stellen.
Sei vor dir selbst auf der Hut!

Sandy Taikyu Kuhn Shimu, Zen-Meisterin, Künstlerin und Autorin, ist hauptberuflich als Lehrerin und Ausbilderin in den Bereichen Kung Fu, Yoga, Qi Gong und Zen und als Beraterin tätig. Sie entwickelte das WU LIN Prinzip sowie eine eigene Beratungsmethodik, das WU LIN Zen-Coaching. Außerdem ist sie Mitbegründerin der WU LIN Organisation und der WU LIN Zen-Linie. Sie legt großen Wert auf die Verbindung und die Anwendbarkeit der traditionellen Lehren in der Praxis und im modernen Alltag. Sandy Taikyu Kuhn Shimu findet ihre Erfüllung im Schreiben und im Unterricht ihrer Schülerinnen und Schüler im In- und Ausland.

Weitere Informationen zur Tätigkeit der Autorin finden Sie unter:
www.taikyu.ch | blog.taikyu.ch
www.wulin.ch | www.wulintempel.ch

Bildnachweis

von der Bilddatenbank www.shutterstock.com:

Dekorationselement Lotosblüte: #177907376 (© The Last Word)

Dekorationselement Kreis: #188233268 (© chocoma87)

Fotografien:

S. 4, S. 5, S. 70, S. 71, S. 114, S. 115: #134373722 (© Warren Goldswain) /
S. 132, S. 133: #206552230 (© PEPPERSMINT) / S. 134, S. 135: #74060773
(© worradirek) / S. 136, S. 137: #226313284 (© Bildagentur Zoonar GmbH)

alle anderen Fotografien: © Sandy Taikyu Kuhn Shimu

Weitere Titel der Autorin erschienen im

Was dein innerer Buddha dir zu sagen hat
Entdecke deinen edlen Kern! (Kartenset)
978-3-8434-9043-6

Begegne dir selbst in der Stille
Freiheit beginnt mit deinen Gedanken (Geschenkbuch)
978-3-8434-1104-2

Wenn Kirschblüten fallen
Impulse, die den Geist beflügeln (Geschenkbuch)
978-3-8434-1056-4

Wenn Kirschblüten fallen – Geführte Meditationen, die den Geist befreien (CD)
978-3-8434-8204-2

Im Angesicht des Todes – und jetzt?
Übungsbuch zur Integration und Akzeptanz des Unvermeidlichen (Buch)
978-3-8434-1079-3

Vergeben, Heilen und Loslassen im Angesicht des Todes –
Geführte Meditationen (CD)
978-3-8434-8221-9

Mit Buddha Tee trinken – Eine Einführung in die chinesische Teezeremonie (Buch)
978-3-8434-1033-5

Erwecke den Krieger in dir
Das WU LIN-Prinzip (Buch)
978-3-8434-1057-1

Erleuchtung zum Frühstück – Nimm dir Zeit zum Leben –
Achtsamkeit im Alltag (Buch)
978-3-8434-1078-6

Erleuchtung zum Frühstück – Zen im Alltag (Kartenset)
978-3-8434-9029-0

Was die Energie zum Fließen bringt
Der kleine Energieratgeber für jeden Tag (Buch)
978-3-8434-5069-0

Kleine Energiequellen für jeden Tag (Buch)
978-3-8434-5083-6

Stark aus der inneren Mitte
Frühstücken im Zen-Geist (Buch)
978-3-8434-5084-3

Das Tao der Worte
Zen-Geschichten, die das Herz und den Geist bewegen (Geschenkbuch)
978-3-8434-1110-3

Buddha@work
Den Berufsalltag gelassen und achtsam meistern (Buch)
978-3-8434-1147-9

Zufriedenheit
Der Schlüssel zum Glück (CD)
978-3-8434-8270-7

Im Jetzt!
Das Wunder der Gegenwart (Kartenset)
978-3-8434-9065-8

Vegan zum Glück
10 gute Gründe für eine rein pflanzliche Ernährungsweise (Buch)
978-3-8434-5129-1